Amani Mupenda Mubigalo

L'âme vivante

Amani Mupenda Mubigalo

L'âme vivante

L'Abbé Mario Rica Un bon samaritain dans le pays de Bulega Tome I

Éditions Croix du Salut

Imprint

Cover image: www.ingimage.com

Publisher:
Éditions Croix du Salut
is a trademark of
Dodo Books Indian Ocean Ltd., member of the OmniScriptum S.R.L Publishing group
str. A.Russo 15, of. 61, Chisinau-2068, Republic of Moldova Europe
Printed at: see last page
ISBN: 978-620-3-84198-5

Amani Mupenda Mubigalo

L'ÂME VIVANTE

L'Abbé Mario Rica

Un bon samaritain dans le pays de Bulega

Tome I

Amani Mupenda Mubigalo

L'ÂME VIVANTE

L'Abbé Mario Rica
Un bon samaritain dans
le pays de Bulega

Tome I.

† Son Excellence Monseigneur Sébastien-Joseph Muyengo Mulombe

Evêque du Diocèse d'Uvira

en République Démocratique du Congo

« Il était enterré, mais il vit toujours avec nous et il nous aide à travers sa façon de vivre. Il avait laissé son Missel sur l'autel, mais ses œuvres nous évangélisent toujours nuits et jours. Il a sacrifié ses complexes rien que pour solliciter nos âmes, il a vécu une vie sacerdotale d'amour pour qu'en retour son âme soit immortalisée »

Amani Mupenda Mubigalo

Dédicace

A tous les Pères missionnaires Xavériens et Abbés missionnaires (Fidei Donum) qui sont passés dans notre pays de Bulega pour avoir guidé nos premiers pas aux portes du Christianisme.

A Monseigneur Sébastien-Joseph Muyengo Mulombe, Evêque du Diocèse d'Uvira qui m'a aidé à améliorer ma compréhension de la vision du monde.

A ma Sœur Delia missionnaire Xavérienne et Coordonatrice des Ecoles Conventionnées Catholiques Diocèse d'Uvira pour sa chaleur amicale.

A mon Père Sanfelice Carmelo Missionnaire Xavérien une personne souvenir dans mes recherches des données.

A mon Grand frère Abbé Gentil Mupenda Ombeni de Fidei Donum en Italie pour son soutien moral et familial.

A ma Sœur Mélanie de la Congrégation des Sœurs Franciscaines de Notre Dame du mont qui à arrosé mes soucis de la rédaction de cette catégorie d'ouvrage et Sœur Kika de la Congrégation des Filles de Marie pour ses prières inlassables en mon encontre.

A mes compagnons de lutte : Dieudonné Kisongo, Romuald Mapenzi, Papa Jean-Pierre Baganzwa et Faustin Bulambo.

A tous ceux qui nous ont soutenus dans cette aventure scientifique depuis les débuts.

Nous dédions cet ouvrage

Information synthétique du Diocèse d'Uvira

Le Diocèse d'Uvira est un Diocèse Catholique de la République démocratique du Congo, suffragant de l'Archidiocèse de Bukavu. En 2014, il comptait 486 921 baptisés sur 1 503 800 habitants, crée en 1962, à la superficie de 36.000 km. Son Evêque est actuellement Sébastien Muyengo Mulombe investi à partir du 15 octobre 2013.

Le Diocèse comprend les districts d'Uvira, Fizi et Mwenga (Province du Sud Kivu), et une partie du district de Kabambare, à l'Est de la rivière Luama, dans la Province de Maniema. Le siège apostolique est situé dans la ville d'Uvira, où se trouve la Cathédrale Saint Paul.

Le territoire est subdivisé en 18 paroisses et compte 32 centres missionnaires.

Ledit Diocèse à connut cinq précédents Evêques, nommément : Danilo Catarzi (16 avril 1962 - 26 mars 1981), Léonard Dheju (26 mars 1981 - 2 juillet 1984), et Jérôme Gapangwa Nteziryayo (1er juillet 1985 - 10 juin 2002), Jean-Pierre Tafunga, salésien (10 juin 2002 - 31 juillet 2008), *Siège vacant* (2008-2013).

Avant-propos

L'ampleur de ses connaissances, la puissance de sa logique, son génie créatif, son humour et la teneur de son amour sans hypocrisie au point de renier sa civilisation citadine et/ou européenne rien que pour courtiser l'âme d'un pauvre non converti dans sa mission – sans parler de sa dimension spirituelle – m'ont autant influencé à mettre de la musique polyphonique branchée à un lance voix dans ce travail pour permettre à l'Eglise de tourner un peu son regard en arrière et découvrir qui était l'Abbé Mario Rica.

Vu l'ampleur de demande d'un nombre plus croissant des consommateurs de cet ouvrage édité localement dans mon Diocèse d'Uvira en RD Congo par l'organisation locale et purement interne dudit Diocèse « Ex-musica sacra » incapable de satisfaire le monde, c'est la raison pour laquelle, je propose le même ouvrage à l'éditeur de taille internationale pour répondre à cette préoccupation.

Un Prêtre comme tout le monde ? Un être exceptionnel ou à négliger ? Mauvais ou bon ? A rejeter ou à honorer ? A-t-il gaspillé prestigieusement l'argent de sa famille, ses amis et connaissances au nom de la mission dans le pays de Bulega ? Ou tout simplement, il est l'homme qui a investi valablement dans la vie d'un pauvre tout ce qu'il a reçu comme don ?

En effet, ces éléments ont marqué l'empreinte nombre des idées qu'ils contiennent et ils se sont avérés être des sources d'inspirations autant qu'une critique subtile dans nos travaux des recherches.

Tout homme est faible, mais seule la puissance de l'âme liée à son témoignage à le pouvoir de lui rendre immortel.

Les idées retrouvées dans cet ouvrage ne sont pas seulement les miennes, mais plutôt les témoignages vibrants de ceux là qui ont vécu avec l'Abbé Mario Rica dans sa mission à Kasika arrosées par celles puisées dans diverses sources des Pères et des Saints de l'Eglise sur la question de l'affermissement de la foi.

C'est ainsi que lesdits témoignages sont limités par rapport à la zone d'intervention, le reste de sa vie en dehors de Kasika nous intéresse moins et ne fait pas mention dans la présente publication, tout comme sa vie privée dans sa communauté religieuse et/ou Congrégation, c'est-à-dire, les vérités secrètes relationnelles avec ses confrères ne sont pas prises en compte dans ces travaux.

Si les visions du troisième Secret sont-elles en relation avec les paroles de la Vierge qui les précèdent et qui décrivent, sous une forme allégorique, les promesses divines, et surtout les châtiments liés aux refus des hautes autorités de l'Église de satisfaire aux demandes du Ciel, c'est que, les réalités dans la vie de la Congrégation de l'Abbé Mario Rica ne sont pas à percer au fond, de peur que nous vendions la dignité de l'Eglise. Les commentaires exégétiques et théologiques, publiés par l'abbé de Nantes et par son disciple, frère Bruno de Jésus, nous font découvrir que ces visions appliquent la symbolique biblique aux événements de notre actualité, depuis 1917 jusqu'à nos jours, et à ceux de notre avenir, prédits par la très Sainte Vierge et de ne pas tenir rigueur à la vie relationnelle et secrète d'un consacré dans sa communauté religieuse. Si les premières apparitions de la Sainte Vierge Marie ont été dédaignées par les confréries et les autorités de l'Eglise, pour rien cité que cela, combien à forte raison un pauvre Mario Rica dans son mode de vie sacerdotale?

Bien qu'anonymes pour certains, toutes les personnes rencontrées, par la richesse de leurs témoignages, sont en réalité les véritables collaborateurs de cet ouvrage, dans la mesure où ils m'en ont donné la matière de base.

J'espère simplement que cette catégorie de collection dite : *« Sur les traces des hommes de Dieu dans le pays de Bulega »* aidera à réhabiliter les liens entre le Diocèse d'Uvira et les Diocèses originaires de ces missionnaires, tout comme les familles biologiques de ces derniers. Aiderons en suite de réhabiliter la confiance des donateurs européens longtemps perdu pour des raisons multiples vis-à-vis de mon Diocèse d'Uvira. Par le présent ouvrage, les fidèles certifient que les dons et/ou les aides venus via leurs enfants et/ou amis sont « bels et biens » parvenus à travers ces personnages illustres Pères et Abbés missionnaires témoignés dans cette catégorie de collection. Les donateurs et/ou financiers des œuvres de Dieu dans ledit Diocèse sont contraint de se méfier des impératifs liés à l'administration de l'Eglise d'hier tout comme de nos jours et de se contenter des témoignages des fidèles qui s'organisent dans ce cadre laïc pour transmettre leurs remerciements, reconnaissances et considérations les plus profonds de leurs cœurs.

Toutefois, cette dernière peut souffrir de l'imperfection comme toute œuvre humaine, mais également de la finance pour poursuivre les recherches sur la vie des autres Pères et Abbés missionnaires qui nous ont quittés, mais qui nous sont très chers, tel est le cas de : Abbé Dioli, Abbé Ciso et Père Francisco Forini à Kamituga, Abbé Davo à Mwenga, Père Milani dans Bulega et Bukavu, Père Rolando, Fiesta et autres. La logique est simple : nous soutenir, c'est soutenir votre futur, nous négliger, c'est négliger aussi le votre.

Ainsi, les vivants ont tout intérêt d'appuyer les présentes recherches menées dans cette thématique poursuivie parce qu'on fera de même pour eux après qu'on ait rendu l'âme. Avec principe *« tout ce paie ici bas »*, et *« On fera de même pour vous comme vous l'aviez fait aussi pour l'autre »*. Dit-on.

Amani Mupenda Mubigalo

Introduction générale

Selon une vielle réalité, il y a possibilité de survivre sur la terre à travers ses œuvres qui constitueront une nouvelle sorte de plume qui écrira son histoire tant que les œuvres d'une personne subsisteront. Cette dernière continuera à écrire l'histoire non seulement de la personne disparu, mais également de sa propre famille spirituelle, biologique et bienfaitrice.

Celle-ci vivra alors à travers ses œuvres pour devenir une créature immortelle en miniature tel est le cas de notre personnage exposé dans le présent ouvrage qui prouve qu'il était enterré, mais qu'il vit toujours avec nous et qu'il nous aide à travers sa façon de vivre. Il avait laissé son Missel sur l'autel, mais ses œuvres nous évangélisent toujours nuits et jours. Il a sacrifié ses complexes pour solliciter nos âmes, il a vécu une vie sacerdotale d'amour et de simplicité pour immortaliser son âme. Il a sacrifié sa santé physique pour ne pas nous abandonner spirituellement, mais d'un coup, il se retrouve auprès du Père pour promouvoir nos supplications.

Comme tout Chrétien, en mission d'évangélisation, nous sommes bien couver par l'Eglise pour réaliser cette publication, une belle occasion non seulement pour remercier les deux Congrégations, notamment : Les Abbés Missionnaires (Fidei Donum) et les Pères Xavériens, mais également une heureuse occasion de remercier particulièrement la famille de l'Abbé Mario Rica à travers cette forme d'apostolat à l'Eglise de nos jours *: ... c'est dans les cœurs de tous que doivent résonner ces paroles de Saint Paul : Malheur à moi si je n'évangélise pas* [1]*»*.

Dire et redire l'histoire d'un Abbé missionnaire qui a vécu une vie sacerdotale modèle comme celui-ci, cela nous paraîtra comme une mission que l'Eglise à donné aux laïcs pour l'instruction, la fortification et l'incitation à la vie plus fervente aux vivants. Le Vatican II insiste encore : *« A tout les Chrétiens incombe la très belle tâche de travailler sans cesse pour faire connaître et accepter le message divin du salut par tout les hommes sur toute la terre* [2]*»*. A cela, nous n'avons pas tort de dénoncer que l'Abbé Mario Rica est toujours vivant, et sa qualification d'un bon samaritain n'est pas sentimentale ni objective. Par contre, elle est fondée et renvoie les héros de sa Congrégation des Abbés Missionnaires, les Pères Xavériens qui étaient ses amis, sa famille biologique de pouvoir entamer les premières démarches officielles si ce n'est de vérification du mérite d'un bon samaritain – un Petit saint – lequel nous lui attribuons

[1] Vat. II Décret apost. de laïcs, 6
[2] Vat. II Décret apost. des laïcs, 3

officieusement sans consentement de l'Eglise, qu'elle soit celle d'une démarche officielle de sa béatification et de construction d'un site mémorial en son honneur.

Depuis la nuit de temps, l'acte de remerciement et de reconnaissance ont été l'objet des préoccupations et des plus grands soucis du Peuple lega surtout à tous les missionnaires de l'Eglise qui ont vécu avec lui dans son pays de Bulega où son code passe par cette catégorie de Collection dite *« Sur les traces des hommes de Dieu dans le pays de Bulega »* et le présent ouvrage qui illustre une façon plus fervente communautaire de s'approcher de la famille spirituelle, biologique et amis de l'Abbé Mario Rica, un Abbé qui vit à travers ses œuvres au sein de la Zone Pastorale de Mwenga. Une manière polie et respectueuse de dire merci à la Congrégation des Abbés Missionnaires et des Pères Xavériens qui ont marqué l'histoire du Christianisme dans la Zone Pastorale de Mwenga en particulier et ces mêmes Pères Xavériens en général de pouvoir conquérir sérieusement le pays entier de nos ancêtres (Mwenga, Fizi, Shabunda et une partie de Maniema). Sincèrement, grâce à ces derniers, le *« Mulega »* s'est vu un homme nouveau en Jésus-Christ dans sa culture relevée et purifiée.

La présente publication est une forme laïque pour la contribution à l'œuvre de Dieu : *« Les laïcs rassemblés dans le peuple de Dieu et constitués dans le corps du Christ sous une seule tête, sont appelés, quels qu'ils soient, a contribuer comme des membres vivants, avec toute les forces qu'ils ont reçues de la bonté du Créateur et de la grâce du rédempteur à la croissance de l'Eglise et à sa sanctification ininterrompue*[3]».

Ainsi donc, cette catégorie de publication purement laïque est aussi encouragé par les Pères et les Saints de l'Eglise : *« Les laïcs tiennent de leur union même avec le Christ le devoir et le droit d'être apôtres, insérés qu'ils sont par le baptême dans le corps mystique du Christ, fortifiés grâce à la confirmation par la puissance du Saint-Esprit, c'est le Seigneur lui-même qui le députe à l'apostolat*[4]».

Ce genre de publication représente un tenant lieu de remerciement et de reconnaissance non seulement de l'ordinaire du Diocèse d'Uvira qui a bénéficié dans son territoire ecclésiastique le passage d'un tel *« Petit saint »,* un homme de Dieu de bonne moralité comme ce dernier, mais surtout les fils de la Zone Pastorale de Mwenga qui ont choisi cette voie pour l'exprimer de vive voix à toute l'Eglise entière.

Le présent livre encourage aussi les autres à fournir plus d'effort tant qu'on est vivant, tout comme

[3] Vat. II Const. dogm. Sur l'Eglise, 33
[4] Vat. II Décret apost. des laïcs, 3

tant qu'on est au service sacerdotal de faire le choix de vivre à travers ce qu'on réalise, de vivre sa sainteté surplace dans sa mission malgré tout, de respecter son vœux pour que la terre et le ciel les témoignent positivement et se souviennent aussi longtemps qu'ils survivront. Si l'on est champion des mauvaises œuvres, sûrement on disparaît avant même qu'on abandonne la terre, mais si l'on est irréprochable et/ou acteur des bonnes œuvres sans doute on subsiste à jamais à travers elles.

Nos premières analyses sur la vie de cet homme de Dieu irréprochable aux yeux des tous les Balega, nous laissent découvrir plus des valeurs que des antivaleurs peintes d'un strict respect d'un vœu d'un clergé avec son Dieu, Abbé Mario; celui que nous osons baptiser *« Un bon samaritain – un Petit saint »* dans cette publication *« Âme vivante »* comme titre de ce dernier divisé en quatre chapitres :

Le premier fait un petit survol culturel au cœur du pays de Bulega, un portrait détaillé sur la personne de 'Mulega' et son pays, tandis que le deuxième fait allusion au voyage de la foi au cœur d'une mission.

Le troisième une mission et un modèle à suivre, tandis que le quatrième parle d'une mission et une vie déterminante et le cinquième est le mystère sacerdotal vers l'immortalité de l'âme. Tandis que le sixième fait une conclusion générale sur la vie de l'héro.

Cependant, le présent ouvrage peut souffrir de certains impératifs comme tout œuvre humaine. Toutefois, il ne reflète aucune pression ni influence ni sentiment d'un religieux ou religieuse, sauf qu'il vient des témoignages et reconnaissances des laïcs et certains consacrés et n'engage que l'auteur en sa qualité de chercheur.

Premier chapitre

UN VOYAGE CULTUREL AU CŒUR DU PAYS DE BULEGA

Survol culturel du Peuple Lega

« Si tu ose laisser l'occasion à une autre personne d'écrire ton histoire, il écrira mal, dit-on[5]*. Alors, profite du moment pour dire au monde qui tu es pour limiter les préjugés »*[6]

Avec la colonisation, le Bulega à été divisé en morceaux et attribués à plusieurs Provinces du Centre-Est de République Démocratique du Congo : les Territoires de Pangi et Punia (Balega-Mituku) à la Province du Maniema, les Territoires de Shabunda, Mwenga et la région de Luntukulu dans le Territoire de Walungu à la Province du Sud-Kivu, le Territoire de Walikale à la Province du Nord-Kivu et enfin le Territoire de Ubundu dans le Tshopo à la Province orientale.

Le Bulega précolonial était un vaste territoire qui constituait une confédération à démocratie locale où les régions étaient des entités de références. Les régions étaient des confédérations claniques unies par l'histoire et les référents identitaires sociaux politiques.

[5] Proverbe anonyme
[6] Pensée de l'auteur anonyme

Le « *Mulega* » un peuple praticien de la bonne gouvernance avant même les théories mondialistes

Hier comme aujourd'hui, les Balega pratiquent la bonne gouvernance avant même que les mondialistes les vulgarisent. Lega est l'ancêtre éponyme de la culture de Balega, l'humanisme fondé sur la centralité de l'homme dans les rapports avec le cosmos au-delà et la croissance en humanité comme combat de toute la vie pour vaincre ses propres égoïsmes dans la construction d'un monde des frères *« Ibutwa i ungwa »,* la fraternité, ça se construit !

Dans le mode de vie de tout *« Mulega »,* depuis le temps ancestral jusqu'à notre temps contemporain, un écureuil prit au piège d'un chasseur, quelque soit sa grandeur petite, il parvient à nourrir tout le village, des adultes jusqu'aux enfants, quand aux bébés, ont leur peint de l'huile à la lèvre signe de partage fraternel. Cela affecte même la vie sociale de celui-ci dans son environnement religieux, politique, économique, relationnelle, etc. A titre illustratif : S'il gère une institution politique ou religieuse, sociale ou économique, il ne marginalise personne, il fait à tout prix que chacun se retrouve et/ou se réjouisse de la chose défini par les règles des jeux. Bref, il ne se gène jamais de vivre au milieu d'une personne étrange à sa couleur. Sauf qu'en cas d'inquiétude et destruction de sa dignité et/ou réputation.

La vie n'est pas une quête de l'invisible chez les Balega, mais une quête permanente de grandir en humanité en restant sur les traces des ancêtres[7]. C'est la raison pour la quelle, tout *« Mulega »* Chrétien ou non reste accueillant et charitable pour tout le monde, même aux étrangers, il demeure conservateur de l'éthique de la paix et de la bonne gouvernance acquis biologiquement depuis ses ancêtres.

Le Bulega, un pays touristique, un pays de la merveille et du scandale géologique

Anthropologiquement parlant, l'espace de l'ancêtre Lega est connut au nom du pays de Bulega, vaste, beaux et merveilleux, bref, béni ; entre autres : Shabunda, Mwenga, Fizi, Walikale et Pangi.

Pour permettre aux curieux de faire un pèlerinage au pays de Bulega et y vivre ensemble son mémorial, ils nous faut arriver à faire des lieux mythiques de l'histoire commune lega comme hauts lieux de pèlerinage : Itula ; le lieu mythique des épopées Museme et Wabugila ; la route de caravane de l'esclavage arabe du XIXème siècle avec le grands

[7] Abitondo, Dictionnaire Ileka-Français, Français-Ileka, Théodore Bulambo, 2018

centres de Misisi (Pangi) ; Kyabunda et Kakamba (Mayu-Mwenga) ; Mwenga, le centre où les femmes ont été enterrées vivantes en 1999 (fosse commune) ; Kasika pays de l'Abbé Mario Rica où s'est passé un massacre fort qui a marqué l'histoire contemporaine organisé par les envahisseurs Tutsi-Rwandais en 1998 ; Kalingi (Kamituga), où on a découvert en 1943 une pépite d'or qui pesait 64, 979 kg, le record mondial étant de 95 kg avec la pépite trouvée à Malgare en Australie ; Kamisuku (Kalima), où la première mine fut ouverte pour la première fois au Bulega ; Mungombe, la première mission Catholique au Bulega ; Mulungu, le premier Post d'Etat au Bulega ; les postes de Musenge et de Kigulube pour le Parc national de Kahuzi-Biega dans la diversité de sa faune et flore ; la réserve naturelle d'Itombwe dont la direction est à Mwenga pour sa biodiversité unique au monde avec sa forêt de haute altitudes et le Mont Pohe dans la Chefferie de Luindi au pays de l'Abbé Mario Rica avec +3456 m d'altitude le pic le plus élevé dans le massif d'Itombwe avec un lac résidentiel *« le lac Lungwe*[8] *»*. Les grottes qui ne sont pas encore enregistrées par le patrimoine culturel mondial sont logées silencieusement dans le territoire de Shabunda coté Mulungu.

[8] Idem, Théodore Bulambo Isalimya, Abitondo, 2018, RDC

Le « Mulega » ouvert au monde

Le *« Mulega »* n'est pas de nature fermée, il manifeste sans gymnastiques son état d'être et/ou sentiments, ses habitudes et/ou ses caractères dans les circonstances de sa vie professionnelle, spirituelle, sociale, économique, etc. *« Le Mulega »*, s'ouvre autant qu'il est content, choqué, blaissé, etc. mais très résistant au fléau dit *« Tribalisme ».* Résistant également à tout mépris et/ou insulte à son sujet.

Tu as connu le mulega hier, il te sera encore le même aujourd'hui, tout come demain. Bon ou mauvais, il ne saura pas changer parce qu'il ne pas hypocrite. Il ne pas et il ne sera jamais un homme-renard[9]. Par contre, il est ouvert en tout, partout et pour tout.

Le « Mulega » un peuple hospitalier et colombe de la paix

L'hospitalité des *« Balega »* vis-à-vis des visiteurs étrangers, et/ou des autres communautés tire ses origines à son ancêtre biologique Abraham, ce dernier temps, les chercheurs et le gouvernement juif les reconnaissent en qualité des *« Juifs négro-africains ».*

---

[9] Cf. jeux : le Corbeau et le renard

Il est très facile à un *« Mulega »* d'échanger, de donner de quoi manger et/ou boire, voire son lit gratuit à un passager quelle que soit sa race, tribu et autres. A titre illustratif, une interview accordée à un ambulant et/ou petit commerçant de la communauté voisine des *« Balega »* :

« Je suis ambulant des petites marchandises, honteux de s'appelé commerçant, mais très souvent porteurs de mes articles sur la tête avec un capital qui ne pas à mesure de supporter les frais ni de transport, ni de l'hôtel, ni de restauration dans le pays de Bulega. Les « Balega » m'accueil dans leurs villages, me nourris, me loge jusqu'à ce que je termine sans problème mes marchandises, je ne suis pas seul, nous sommes un monde ! Je vois même les autres qui viennent avec des vaches, ils sont traités comme nous aussi. Ces gens sont très accueillant, grâce à eux, nombreux deviennent riches dans nos milieux pauvres où nous venons. Désolé, de notre tour dans nos milieux, villes/villages, dans les Eglises, dans nos politiques même nous les traitons mal ... mais, ils ne changent pas, ils sont ouverts et non-hypocrite, ils sont toujours les mêmes ... »[10].

Il est de nature hostile à la haine et au fléau *« tribalisme »* qui affecte un nombre moins

[10] Extrait d'interview accordé à un non Mulega du territoire voisin du pays des Bulega qui requit l'anonymat dans nos recherches

négligeables des communautés dans la politique de la Province du Sud-Kivu, la politique des Eglises, le système socioéconomique …

La méconnaissance de la vraie culture de ce peuple, amène certains analystes aux préjugés, pourtant les caractères d'une personne ouverte est différente d'une orgueilleuse, d'une personne franc à une personne rusée.

Deuxième chapitre

Le Voyage De la foi au cœur d'une mission

Un Prêtre explorateur - créateur

« L'Esprit nous a été donné pour nous faire connaitre le Christ, l'aimer et en témoigner jusqu'aux confins de la terre [11] ».

Les raisons soupçonnées de la conquête de la mission vers la Chefferie de Luindi

L'insuffisance des missionnaires Xavériens dans l'étendu du pays de Bulega, surtout sa partie Orientale tirée de l'Occidentale (Diocèse de Kasongo) et l'une des premières raisons qui se dégage aisément et elle est sans doute la principale. Il eut, du début jusqu'à la fin, trop peu des pasteurs pour un si grand troupeau sur un territoire énorme à la dimension presque du Rwanda et Burundi. Ce fut depuis le début, le tendon d'Achille de la christianisation de la Zone Pastorale de Mwenga. Ce fut d'abord le problème de qualité qui se posa toujours, quoique dans une moindre mesure avec l'arrivée des Abbés Missionnaires dont certains s'enregistraient aux Xavériens en statut des alliés et d'autres restaient tel

[11] Acte des apôtres 1 :8

que. Ce fut rapidement un réel problème de nombre pour faire face au défi de la conquête de la nouvelle Zone acquise.

Accueil au pays de l'ancêtre Lega

Les concernés conscients du fait, n'arrêtent pas de demander des bons missionnaires et en beaucoup un nombre important. En suite, l'insuffisance chronique en personnel missionnaire avait provoqué une incapacité de consolider et de développer la vie religieuse chrétienne des populations très sommairement évangélisées. Il eût fallu un flux continu et vigoureux des missionnaires envoyés en renfort dans la zone.

Les Fidei Donum aussi, se rendirent compte des problèmes insolubles, dépêchèrent une équipe dont l'Abbé Mario Rica fut du nombre.

C'est par là qu'apparait l'Abbé Mario Rica. Un missionnaire avisé depuis sa famille en Italie, il savait le sens, le rôle qu'il allait jouer dans sa mission, voire les risques à parcourir dans la conquête d'une nouvelle mission dans un coin très négligé : *« les comments solliciter et courtiser malignement les âmes ».*

Père Mario, quitte sa famille biologique où il vit dans une aisance et fait le vœu de faire connaitre le Christ, l'aimer et le témoigner jusqu'au fin fond de la terre. Là, on fait allusion de sa présence dans le Diocèse d'Uvira en RD Congo jadis *« Zaïre »* en provenance de l'Italie.

La mission de ce dernier dans cette partie Nord de la Zone Pastorale de Mwenga, alors Luindi, située également dans le Nord de la partie orientale du pays de Bulega, n'a pas réfuté le témoignage de l'écrivain italien alors très en vogue, le géographe-humaniste Filipo Pigafetta publia sur les données fournies par l'ambassadeur de Dom Alvaro, un livre intitulé *« Relazione del reame di Congo et delle circonvicine contrade » (« Relation sur le Royaume du Congo et les contrées environnantes »).* L'ouvrage qui parut en 1591, connut un gros succès et contribua grandement à faire connaître en Europe le Royaume Kongo en faisant forte impression à la Cour Pontifical, révélant pour la première fois à toute la chrétienté l'existence d'un lointain Royaume africain plein de foi et désireux de faire acte d'obéissance au Vicaire du Christ[12]. Nos travaux témoignent également que, cette partie de Bulega a fait de même par l'intermédiaire du Roitelet et/ou Mwami Mubeza II Louis Kitabo-Na'luindi la mission diligentée par l'Abbé Mario et s'y ait conformée. Ce petit royaume de Luindi n'était d'ailleurs lui-même généralement pas un chrétien modèle, mais tout de même de foi sincère, accueillant, d'une autorité coutumière de conduite vacillante mais

[12] Filippo Pigafetta, cité par Faustin-Noeel Gombarino, implantation missionnaire au Congo-RDC, 2016

fidèle à l'héritage spirituelle et culturelle que leur avait légué leur grand ancêtre Lega. Ce dernier a pu offrir gratuitement une grande portion de sa parcelle à l'Abbé Mario pour signe d'accueil et d'acceptation du christianisme dans sa Chefferie de Luindi où habite jusqu'à nos jours la Paroisse dite *« Saint Joseph Mukasa »* :

> *« J'étais de la famille royale de Luindi et j'ai vu comment l'Abbé Mario en provenance de la Paroisse de Mwenga a pu recevoir de Mwami Mubeza II le don de la parcelle par où construire la Paroisse signe d'accueil et d'acceptation du Christianisme sur le sol du pays de Bulega, c'est par après que nous verrons deux autres Prêtres missionnaires, alors ces confrères venus de l'Italie, l'aider dans certains travaux, l'un s'appelait Giuseppe « Katibita » un surnom en langue lega attribué à ce dernier pour des raisons de rapidité pendant les messes, et toutes les activités qu'il entreprenait dans la paroisse ...* [13]*»*

Il a de plus fait un pas d'avance en se faisant baptisé lui et toute sa famille comme était le cas de la famille de Cornel au temps biblique dont parmi eux l'un récupéré au Grand séminaire de Murhesa, il s'appelait Abbé Stany Wabulakombe, mais devenu Prêtre après la

[13] Témoignage anonyme

mort de l'Abbé Mario et fut assassiné aux événements douloureux de Massacre de Kasika et enterré alors à côté de ce dernier, paix à son âme. Un autre fils fut récupéré comme servant, c'est bien celui qui est à présent le Chef de Chefferie de Luindi.

Sa présence à Kasika dans le Nord de la Zone Pastorale de Mwenga fut un signal fort d'un homme de Dieu, d'un chercheur des âmes à amener vers le Seigneur et éminent explorateur de coin jamais recensé par ces confrères missionnaires où il doit être condamner de commencer une vie à zéro, à vivre une vie primitive dans un petit village animé de la musique des insectes et des oiseaux de couleurs mystérieuses soufflés de très loin d'un vent filtré en provenance du lac résidentiel *« Lungwe »*.

Quelle exploration ? Quelle simplicité ? Quelle pauvreté par excellence ? Quel amour ? Faut-il fermé nos yeux pour ne pas voir toutes ces qualités ? Faut-il vivre sans remercier la famille biologique (membres de famille) et ses deux familles spirituelles (Congrégation Xavérienne et Fidei Donum) qui ont enfanté ce petit saint en miniature, mais malheureusement négligé et ignoré par l'Eglise ?

> *« ... chaque fois que nous nous rendons à la paroisse, nous nous disons que le Père Mario vit avec nous à travers les édifices, à travers les*

actes charitables sans discrimination, comme il était dans les habitudes très proche de paroissiens. Sa tombe devant l'Eglise nous rappelle encore qu'il se repose en paix un Père proche des enfants ».

Si on retrouve sa tombe encore devant l'édifice paroissiale, c'est une manière de considération et d'estime dans le mode de vie du Peuple Lega vis-à-vis d'un être cher différemment de ceux qui sont enterré aux cimetières, c'est que le Père vivait fièrement au milieu de sa famille qu'il s'était fabriqué spirituellement. Un signal fort que ce dernier vit et pourvoit toujours sa mission silencieusement d'une manière ou d'une autre. Egalement, il continue à intercéder auprès de sa famille biologique tout comme auprès de Dieu :

« Les Balega dans leurs habitudes, enterrent les dignitaires et/ou les ancêtres aux alentours d'eux et/ou dans ses côtes, signe de considération et de respect pour ne pas les jeter dans les oubliettes ... Il ses souviennent régulièrement d'eux que de ceux là qui sont enterrés aux cimetières parce qu'ils ne leurs serviront à rien dans le monde de l'invisible. C'est dans cette réalité que les esprits des habitudes des Balega ont conduits aveuglement l'équipe de funérailles de l'Abbé Mario vers le

devant de l'Eglise pour qu'il reste, qu'il garde, qu'il continue à pourvoir une mission inachevée jusqu'au retour du Christ. Une manière prophétique d'une petite béatification officieuse invisible et involontaire[14] ».

L'idée et le courage de découvrir ce petit village et d'y construire une paroisse, cela lui laisse vêtir la couronne d'un éminent explorateur dont le choix n'était pas mauvais, mais plutôt merveilleux dans une terre très fertile, un coin scandaleux géologique, une flore et faune impressionnante aux milieux d'un Peuple accueillant :

> « *...il a commencé à vivre dans une petite maison en terre battue comme tout les villageois avant de construire ce que nous voyons aujourd'hui en briques, je n'avais jamais vu un Père très simple, humble comme celui-là ! Un blanc de l'époque, dormir dans une maison bâtit par la boue vêtu de chaume...Ah ! Pendant que ces confrères vivent à Mwenga dans une maison en brique cuite* ».

[14] Petite béatification officieuse renvoie au terme de l'auteur employé dans ledit ouvrage pour signifier une béatification non officielle au même titre que la petite sainteté.

L’Eglise en mutation architecturale - œuvres caritatives

Sa dimension créatrice va d’un couvent en terre bâti vers une Eglise en planche – De l’Eglise-mission vers une Eglise-Paroisse. Ce seulement après des années qu’il a reconstruit cette Eglise en briques cuites.

Des œuvres caritatives virent le jour : aide aux malades et aide alimentaire aux pauvres. Le Roitelet et/ou Mwami Mubeza II Louis Kitabo-Na’luindi participait activement à ces initiatives et à la pratique religieuse en général, non seulement lui-même, mais plutôt avec ses enfants. Les nobles de son entourage se montraient même disposés à abandonner les antivaleurs anti-christ. Il entreprit aussi les formations catéchistes, encouragé par une population enthousiasmée.

Il a tenté de crée un petit barrage hydroélectrique avant sa mort dans une rivière non loin de sa Paroisse. Le squelette de cette œuvre inachevée est encore vivace jusqu’à nos jours.

Toutefois, il a réussit à créée un centre de santé pour sauver des vies humaines :

> *« Moi-même, quand j’étais mineur, mon Père était parmi les vieux de l’Eglise, j’ai vu de mes propres yeux le jour où une des mamans dans les périphéries de la paroisse s’est vit blessé au*

pied. Le Père Mario étant polyvalent dans les métiers, il s'est mis lui-même à la soigner au point d'être guérie... »

Le souci de renforcer la capacité de ces fidèles pour s'auto-prendre en charge lui a valu les activités des tanneries, fabrication des peintures à base des matières premières puisées localement dans les forêts environnantes de Luindi dont lui seul était formateur pour ne dire que cela à titre illustratif.

> *« ...le Père Mario que vous entendez dire, n'était pas n'importe qui, n'est pas également comparable à nos Prêtres de nos jours. Je ne juge personne, parce que je ne suis habilité de le faire. Toutefois, celui qui s'appelait Mario n'était qu'une machine créatrice, un savant qui apprenait aux fidèles comment s'auto prendre en charge à travers de métiers... il voulait voir une église vivante, une église travailleuse, une église productrice et non dépendante... je détiens encore une des ceintures en cuire fabriquées localement par le Père Mario. Certains de mes amis de cette génération gardent encore de ces fabrications des Mallettes en cuire. Je ne pouvais pas garder longtemps sa peinture fabriquée localement si non j'en avais également et beaucoup d'autres exploits dans son mode d'invention. Il a*

beaucoup aimé sa mission, il a suffisamment honoré son vœux, il a sérieusement fait preuve d'un bon Bergé au milieu de ces brebis, il a tant aimé la terre de Bulega jusqu'en amour et y être enteré devant l'Eglise qu'il a lui même construite pour signe de sacrifice de sa mission, laquelle il avait du mal à renoncer lorsque sa santé n'était plus rassurante dans la zone d'intervention.

Comment abandonnez ma mission ? Pourquoi quitter mes enfants que j'aime tant, un Kasika préféré ? Une série des questions lui tourmentaient la tête avant sa mort».

Les fruits de ses œuvres ont pu également arroser ces confrères Prêtres qui vivaient avec lui dans la Zone Pastorale de Mwenga, tout comme ceux là qui vivaient en dehors. Le Père Sanfelice en témoigne[15] :

« ... il ne fait plus longtemps que ma mallette fabriquée localement à base de la peau d'animale dans la tannerie de Mario à Kasika c'est éteinte. Elle n'était pas seulement belle, mais également forte. J'y entassé mes livres et quelques accessoires de la Messe surtout lorsque je faisais une tournée dans les

[15] Interview avec le Père Sanfelice à Vamaro-Bukavu

Diaconies et « Shirika[16]*» au sein des Paroisses. Elle faisait la mémoire de ce savant... que son âme repose en paix sur le sol de Kasika ».*

Autant de personnes de troisième âge touchées par nos recherches sur la vie de ce savant, témoignent non seulement avoir vu les œuvres de sa petite industrie de la cordonnerie, mais surtout l'avoir consommé. On témoigne qu'un jour il avait tenté de fabriqué un ballon en cuire, mais il n'a pas pu réussir complètement. On s'attendait à la deuxième expérience le faire avec succès :

> *« ... je m'en souviens qu'un jour Mario se permettait de fabriquer un ballon, mais sa première expérience n'a pas abouti à la perfection, il y avait encore quelque chose à retravailler. Mais, au vu de tous ledit ballon était une œuvre impressionnante...*[17] *».*

A cet âge déjà, le savant Mario dans sa mission avait compris que lors que les sociétés négligentes d'utiliser leurs potentiels de matière grise, elles perdent l'occasion de créer de nouvelles industries. La matière grise est à l'âge de l'information, ce que le fer, le charbon et le pétrole ont été à l'âge industriel :

[16] Un concept swahili, attribué par les premiers missionnaires dans le Diocèse d'Uvira, signifiant une communauté de Base

[17] Interview avec le Père Sanfelice à Vamaro-Bukavu

l'élément indispensable dont tout le reste dépendait. Sous estimée, tenue pour acquise par les responsables de notre civilisation industrielle, la matière grise fait maintenant l'objet d'une compétition féroce entre de plus en plus d'entreprise tenant à réunir tous les atouts du succès[18]. Tout comme, la diversité des arbres et les peaux des animaux qu'on retrouve en abondance localement fut pour Mario une très belle occasion de libération financière de sa Paroisse en particulier et de tout le Diocèse d'Uvira en général.

De nos jours, pour comprendre le savant Mario dans sa vision de création d'une nouvelle société lega industrialisée et émergente, dans sa manière pédagogique d'initiation à l'industrialisation locale et adaptée, les développeurs de l'économie dudit Diocèse doivent apprendre à puiser dans cette ressource importante la manière efficace de l'émergence d'une paroisse, d'un Diocèse émergent. Ils ne réussiront, cependant, que s'ils adoptent de nouvelles techniques de développement, se fondant sur une compréhension approfondie de la nature des forces modernes du travail des matières grises présente à l'école du savant Mario.

En fait, l'Abbé Mario avait très tôt compris aussi que l'évangélisation de Luindi devait être l'œuvre de propres fils de sa mission. Une des préoccupations constantes était de faire prendre en charge les enfants

[18] Robert Kelly, la génération de l'excellence, p. 48

orphelins et/ pauvres à la formation scolaire et la jeunesse pour qu'à la suite qu'ils soient envoyer dans les maisons de formation religieuses dont certains de ces prémices la Sœur Mélani en témoigne[19] :

> *« ...c'est depuis l'âge mineur que j'ai reçu l'accompagnement de l'Abbé Mario Rica au cours de sa mission à Kasika...c'est également, grâce à lui, c'est-à-dire, avec son appui tant matériel, financier, moral que spirituel que j'ai découvert ma vocation et par la suite réussir à être aujourd'hui une Sœur dans la congrégation des Franciscaines Dumont ...Je ne suis pas seule. Il fut un Abbé très aimant pour la plupart des familles, jeunes et vieux...j'ai toujours pleuré sa disparition physique, mais il vit toujours à travers son œuvre sur ma vie religieuse impactée par sa façon de vivre sa mission d'une manière déterminante...il fut un miroir de l'amour aveugle, il faisait son don à qui était en besoin sans trop philosopher et sans discrimination... ».*

[19] Témoignage de la Sœur Mélanie de la Congrégation Sœur Franciscaine Dumont

Le fruit de la mission

A la mort de l'Abbé Mario, la majorité de la population de Luindi était déjà converti en catholicisme et devenir ainsi la paroisse de référence et de la noblesse chrétienne dans le Luindi si bien que les croyances et coutumes traditionnelles n'aient pas été christianisées en profondeur, l'existence d'une véritable élite chrétienne c'était manifestée par un certain nombre de vocation sacerdotales et religieuses.

En fin, et surtout, si l'implantation de la foi chrétienne au Nord de la Zone Pastorale de Mwenga en particulier et de la partie orientale du pays de Bulega en général doit beaucoup au zèle de quelques missionnaires Xavériens et du certains Abbés Missionnaires italiens – particulièrement l'Abbé Mario Rica – c'est un fait indéniable que la première évangélisation et/ou mission de cette partie fut principalement l'œuvre de ce Bon samaritain italien, homme de bon humeur, des caractères généreux, et de conduite morale très édifiante.

Troisième chapitre

Une mission, Une vie déterminante

Le secret sacerdotal de l'Abbé Mario : L'art de sollicitation des âmes

> *« Si quelqu'un, ayant largement de quoi vivre, voit son frère dans le besoin, mais lui ferme son cœur, comment peut-il prétendre qu'il aime Dieu ? »*[20]

Après ses séjours, l'Abbé Mario rencontre dans le Bulega un conditionnement historique et géographique tout à fait nouveau. Il découvre un Peuple sédentaire, solidement enraciné dans une tradition patriarcale minutieusement agencée. Par sa détermination, son courage, il se fera peu à peu accepter comme étant différent des autres Prêtres, en action autre que celle d'amour, de simplicité et de bonté. Tout compte fait, le parcours historique qui a porté cet homme de Dieu sur le sol de Luindi fut blindé des difficultés diverses, tout n'était pas rose, mais il a fallu beaucoup de patience, de tact, de délicatesse pour se faire accepter comme crédible, sérieux et véritable homme de Dieu. C'est

[20] 1 Jean 3 :17

grâce à sa foi profonde, sa détermination et son courage inébranlable qu'il en viendra au bout.

Les moyens utilisés par l'Abbé Mario pour se socialiser

Tout au long de la vie missionnaire de l'Abbé Mario dans le Bulega, fut caractérisée par une puissante lutte sans merci contre les antivaleurs et coutumes jugées *« sacrilège »* par l'Eglise, mais avisé et informé, il n'a pas pu rejeté les us et coutume Lega, la volonté de rejet symétrique dans ces recherches de connaître à fond ses évangélisés, ce qu'à orchestré sa réussite différemment de ces prédécesseurs qui s'étaient mêlé dans une guerre culturelle aveugle avant que la société missionnaire en Afrique puisse comprendre la nécessité d'instaurer un système interculturelle que sont les situations de découverte, comme celle qui, à la fin de XVIIe siècle, institue de baroques dispositifs de communication entre communautés tahitiennes et européennes, tel qu'elle est analysée par Jean-François Baré (2002 :3). Il s'est développé nécessairement des relations basées sur une connaissance par définition progressive et inachevée des une sur les autres, sur une sorte d'anthropologie *« sauvage »* au sens de la pensée sauvage selon Claude Lévi-Strauss.

Ainsi, certains garants de la tradition et les néophytes lega perdront par moment et par endroit, patience. D'autres par contre, seront séduit par ses actions missionnaires notamment grâce à l'assistance sociale et caritative, telle, par exemple : les soins médicaux, l'apprentissage des métiers parce que tout simplement, étant donné les modes de vie différents de l'occident, cet homme de Dieu va être amené à être créatif et penser des nouvelles stratégies pour pouvoir s'adapter et se socialiser dans ledit milieu purement nouveau pour lui.

Tout soupçonné saint en lui voyant du fin fond, se reflète les actes de l'amour profond aux prochains qui joue un rôle important de sollicitation de l'âme d'un non croyant vers le Christ. Il suppose qu'un frère et/ou une sœur n'aient pas de quoi se vêtir ni de quoi manger chaque jour. A quoi cela sert-il que vous leur disiez : *« Au revoir, portez-vous bien ; habillez-vous chaudement et manger à votre faim ! »* si vous ne leur donnez pas ce qui est nécessaire pour vivre ?[21]

Quant à l'Abbé Mario se découvrant intérieurement qu'il avait de quoi vivre au milieu d'une couche sociale totalement en besoin d'une survie, il cherchait à tout prix comment témoigner son amour qu'il oriente vers son Dieu à travers ces actes charitables un peu comparables comme cet homme qui

[21] Jacques 2 : 15-16

descendait de Jérusalem à Jéricho, lorsque des brigands l'attaquèrent, lui prirent tout ce qu'il avait, le battirent, et s'en allèrent en le laissant à demi-mort. On dira que l'Abbé Mario s'appropriait la poésie de Sainte Thérèse de Lisieux lequel exclame :

> *« ...Mon Ciel est de pouvoir attirer sur les âmes, sur l'Eglise ma mère et sur toutes mes sœurs les grâces de Jésus et ses Divines Flammes qui savent embraser et réjouir les cœurs... Vivre d'Amour, c'est donner sans mesure, Sans réclamer de salaire ici-bas Ah ! Sans compter, je donne étant bien sûre Que lorsqu'on aime, on ne calcule pas !... Au Cœur Divin, débordant de tendresse J'ai tout donné... légèrement je cours Je n'ai plus rien que ma seule richesse Vivre d'Amour... »*

Tel est le cas de Bulega, une partie du pays dépouillée par les colonisateurs, ayant prit tout ce qui pouvait lui constitué comme richesse (minerais, bois, les produits agricoles,...) seule sa production agricole à l'intérieure de la colonie nourrissait les villes naissantes de l'époque coloniale, alors Bukavu, Bujumbura... sa production géologique contribuer à la construction des certaines villes du pays et la grande allait à l'extérieur enrichissait le pays colonisateur et ses alliés. Pendant que ce dernier restait à l'état d'enclavement sévère.

Tout comme à nos jours, il a reçu des massacres[22] qui ont marqué l'histoire contemporaine des droits de l'homme.

Le Pays de Bulega c'est vite vu vidé de son potentiel au profit des autres et s'est retrouvé dans une vie pauvre – malheureuse – misérable. Comme preuve, aucune partie du pays de Bulega du temps Belge était construite une ville, un centre honorifique de tout ce qui lui a était pillé sol et sous sol au profit des autres.

Certes, la présence de l'Abbé Mario dans le pays de Bulega était une réponse aux blessures des brigands qui l'a pu affecter tant socialement, économiquement que spirituellement. Un héro spirituel qui découvre bien que ledit pays est en besoin sérieux d'aide en grandissant une mission non seulement par les œuvres spirituelles, mais aussi des œuvres d'émergence, en ce dépouillant soit même parce qu' avisé que les gens seront égoïstes, amis de l'argent, ils se vanteront, ils seront orgueilleux… ils diront du mal des autres [23]…au point de priver aux autres la promotion du bien-être spirituel, social et économique.

[22] Cas de Massacre de Kasika et l'enterrement des femmes vivantes à Mwenga par les groupes armées Rwandaises

[23] 2 Timothée 3 : 2-3

Conformité de la parole biblique à l'œuvre missionnaire

N'est-ce pas que Dieu à dit : Ne profiter pas de votre prochain et ne le volez pas ? ...Ne faites pas condamner quelqu'un à mort en disant des mensonges contre lui ?...Chacun de vous doit aimer son prochain comme lui-même ?[24]

Choses qui amènent l'Abbé Mario à la méfiance des rapports et/ou publications antérieures de son temps sur la question de privation des activités et/ou œuvres missionnaires de l'émergence de l'espace Lega par rapports à ces voisins. La méfiance également, à toute critique négative vis-à-vis de Mulega et son pays.

Des brigands l'attaquèrent...et s'en allèrent en le laissant à demi-mort. Tout l'espace Lega se retrouvant dans une situation d'enclavement, une situation critique sur le plan d'émergence tant spirituelle que socioéconomique et voilà son héros samaritain apparait au nord dudit pays et voit l'homme, alors son prédécesseur passait de l'autre côté de la route et s'éloigna. Tout le monde passait le village de Kasika, se méfiait du coin, se méfiait du pays.

Une opportunité pour l'Abbé Mario de s'occuper du blessé. Il en eut profondément pitié. Il s'en approcha

[24] Lévitique 19 : 13, 16, 18

encore plus, versa de l'huile et du vin sur ses blessures et le recouvrit de pansements. Puis il le plaça sur sa propre bête et le mena dans un hôtel, où il prit soin de lui.

Mario à fait tout ça pour le pays de Bulega et sa mission de Kasika conformément à l'évangile de Jean : N'aimons pas seulement en paroles, avec de beaux discours; faisons preuve d'un véritable amour qui se manifeste par les actes[25]. Il a été choisi de vivre en toute bonté non seulement au milieu des pauvres, mais avec les pauvres tel est dit qu'il soit heureux celui qui est bon avec les pauvres[26].

En résumé, ce petit saint à pu partager son pain avec celui qui avait faim, il a pu donner à manger à qui dévêt se priver, alors la lumière avait également chassé son obscurité où il vivait[27]. Chaque fois qu'il avait la possibilité, il n'hésité pas à faire du bien à ceux qui en avaient besoin[28] au point que nous nous rappelions de ce que le Seigneur Jésus à dit : il y a plus de bonheur à donner qu'à recevoir[29].

Nous nous réservons beaucoup sur les critiques de sa mort, car nombreux sont saints seulement parce qu'ils ont aidé les pauvres et non parce qu'ils ont livré

---

[25] 1 Jean 3 : 18

[26] Proverbes 14 : 21

[27] Esaie 58 : 10

[28] Proverbes 3 : 27

[29] Actes 20 : 35

leurs vies pour les pauvres comme ce dernier. Les détails de sa vie dans son couvent importent peu dans l'aspect *« petite sainteté »* que nous lui baptisons parce qu'il est question d'une famille avec ses propres réalités internes.

Quatrième chapitre

Une mission, un modèle à suivre

Père Mario : Un bon samaritain au pays de Bulega

« Les Saints ne sont pas seulement ceux là proclamés par l'Eglise, certains sont encore vivants, d'autres morts méconnaissables[30] »

Ainsi le Christ est-il venu avant tout pour que l'homme apprît combien Dieu l'aime, et qu'il'apprît afin qu'il s'enflammât d'amour pour celui qui le premier l'a aimé, et afin qu'il aimât son prochain, suivant l'ordre et l'exemple de celui qui s'est fait le prochain de l'homme, au temps où celui-ci n'était pas son prochain, mais errait bien loin de lui ; et toute l'Écriture divine, qui a été écrite avant, l'a été pour prédire la venue du Seigneur ; et tout ce qui, après, a été consigné par écrit et confirmé par l'autorité divine, raconte le Christ et enseigne l'amour.

Il est donc manifeste qu'en ces deux commandements de l'amour de Dieu et du prochain, sont résumés, non seulement toute la Loi et les Prophètes – seule l'Écriture sainte qui existât au moment où le Seigneur exprima ces commandements – , mais aussi tous les ouvrages des Lettres divines qui

[30] Pensée de l'auteur

ont été écrits plus tard pour notre salut et confiés à la postérité.

Allez-y comprendre les secrets de Dieu en interrogeant celui qui a vécu volontairement et joyeusement pour l'amour de Dieu[31], produit de l'esprit du Christ *« Qui n'a pas l'Esprit du Christ ne lui appartient pas* [32]».

Un modèle de protection de la foi

Il existe dans les organismes humanitaires deux catégories des personnes : des humanitaires touts courts et des travailleurs humanitaires, c'est-à-dire, des humanitaires touts courts sont ceux-là qui donnent leurs vies en dépouillant leurs poches pour sauver la vie des gens sans aucun intérêt matériel et politique. Ils sont alors, sauveurs des vies humaines. Tandis que les travailleurs humanitaires sont ceux là contractés et qui ne visent rien que la rémunération, la jouissance des sujets logistiques et d'immunité, la gloire et les considérations, les positionnements politiques et autres.

Il en est le cas au sein de l'Eglise dans laquelle on identifie deux types des chrétiens : le premier sera un fidèle qui a reçu l'essentiel des sacrements prescrits,

[31] Saint Albert le Grand
[32] Paul Epitre aux Romains 8 : 9

non seulement conservateur de la vie charnelle, mais également un bon observateur des Droits Canons et autres obligations des institutions de l'Eglise. Tandis que le deuxième, à part les sacrements reçus et les lois de l'Eglise, dans sa faiblesse, il mettra en pratique l'enseignement reçu et laissera libre le Saint Esprit guider sa vie chrétienne.

Nous suggérons que l'Eglise Universel d'hier et de nos jours nous produits même deux classes des Prêtres [33]: la première regorge des hommes de Dieu sûrement répondant à l'appel Divin. Acceptant de vivre leur appel selon leur vœu, au cours et après la vie sacerdotale, laissant ainsi des traces exemplaires, qui édifient, fortifient, et conduisent à la purification. Ils sont ceux-là qui vivent leur sacerdoce n'importe où, avec n'importe quoi et n'importe qui, pourvu qu'ils ramènent les âmes vers les cieux :

> *« L'Esprit nous a été donné pour nous faire connaitre le Christ, l'aimer et en témoigner jusqu'aux confins de la terre [34] ».*

Ces derniers, se méfient des choses de ce monde, plaçant au premier rang les besoins de ces brebis dans sa vie sacerdotale en amenant les âmes vers Dieu à travers les œuvres d'amour, mais surtout respectueux des vœux jurés devant le ciel et la terre. Capable même

[33] Constat personnel au sein des Paroisses
[34] Acte des apôtres 1 : 8

de dépouillé sa bourse personnelle tout comme celle de sa famille pour réussir à piller l'enfer et peupler ainsi les cieux. Ils font la volonté de Dieu, ils se font disponible, humble et pauvre, rien que laisser Dieu les conduire à chaque instant, les amener où Il voudra.

Ils se forcent surtout d'aller à la rencontre de tous les hommes et d'établir un contact fraternel principalement avec ceux qui sont éloignés de Dieu, les incroyants et les non pratiquants, mais aussi avec tous ceux qui croient. Ils sont ainsi obsédés par le commandement suprême de Christ : Allez et prêcher l'évangile à toute créature. C'est alors que nous concluons avec cette pensée : *« faire leur salut s'ils accomplissent le minimum prescrit*[35] *»*.

Tandis que la deuxième classe est celle des Prêtres du Vatican révélée par le troisième secret du Fatima :

> *« Une grande ville à moitié en ruine, jonchée de cadavres, est le tableau prophétique de l'Église laissée par le pape Paul VI après quinze années d' autodémolition de Rome par Rome ». En le révélant quarante-cinq ans à l'avance, la Vierge Marie interpelle l'Église du concile Vatican II comme saint Jean écrivant à « l'Ange de l'Église de Sardes » : « Ainsi parle celui qui possède les sept Esprits de Dieu et les sept étoiles. Je connais ta*

[35] Cavalier de la Paix, Parole de Maman Stéphanie, Diocèse de Goma

conduite ; tu passes pour vivant, mais tu es mort. [36]»

Ils sont nombreux qui ne vivent plus, mais morts spirituellement par rapport à leurs conduites et déconsidération de leur vœu témoignés par Beekmans dans l'histoire de l'Eglise en RD Congo depuis l'époque coloniale dont certains étaient des aventuriers qui ne venaient au Congo que pour s'y défroquer plus allègrement, y vivre de débauche, de commerce et de traite d'esclaves[37]. Certes, il y eut encore des missionnaires irréprochables et zélés, comme dans tout le temps de l'histoire de l'Eglise porteur de drapeau de la victoire de la mission dans une zone évangélisée[38] pour laver la honte de cette dernière qui doivent être que des hommes de Dieu :

> *« Nous pouvons mettre des noms sur ces " cadavres ", morts spirituels marchant à l'enfer, pour lesquels le nouveau Pape ne pouvait que " prier ", n'ayant pas la faculté de leur rendre la vie en les obligeant à changer de conduite : les cardinaux Villot, secrétaire d'État, Casaroli, Baggio, Poletti ; et Cody, l'archevêque de Chicago, vomi de son clergé et de son peuple pour ses concussions et scandales étalés dans la presse*

---

[36] Apocalypse 3, 1

[37] Beeckmans, 1980 : 396, cité par Faustin-Noël Ngombarino Rutashigwa : implantation missionnaires au Congo-RDC : de l'assistance à l'autonomie financière

[38] Idem

de son archidiocèse. C'est surtout l'évêque Marcinkus, l'homme d'affaires de Paul VI, l'ami intime de Pasquale Macchi, secrétaire intime de Paul VI, « qu'il trouvait sur son chemin», lui barrant la route au moment où il décidait de remettre de l'ordre dans l'administration du Siège apostolique. (...)[39] »

Ces derniers sont plus importants dans l'administration et les célébrations des messes, rien que cela, ils remplissent ainsi les obligations du Vatican comme Cour Pontifical, mais pas l'Eglise Catholique comme *« une sainte et apostolique »* telle conformée par les prophéties du Saint Malachie[40], mais aussi, c'est une nouvelle génération des Prêtres dépouillés des arts de sollicitations des âmes, alors insouciants de la santé spirituelle, et sociale de ces fidèles. Ils sont plus occupés par les affaires étranges, beaucoup de fois, ils sont loin de préférences des paroissiens, mais tout de même ils sont en règles avec la philosophie et la théologie, non avec le Christ incarné dans les œuvres d'amour, mais plutôt dans les œuvres de la chaire, car *« Dieu est amour : celui qui demeure dans l'amour demeure en lui »*[41].

Mais le but de cette classification n'est pas de satisfaire notre curiosité, ni de nous inciter à faire une

---

[39] Extraits de ***Jean-Paul Ier, le pape du Secret*** et de la CRC nos 368, 369 et 370.

[40] Saint Malachie, vidéo, la prophétie sur les papes et antipapes, Monastère de la très sainte Famille

[41] 1 Jean 4 : 16

critique obsolète sur le mode des vies religieuses du clergé dans ces travaux. Au contraire, elle nous aide à situer la position sacerdotale de l'Abbé Mario par rapport à d'autres et de faire davantage découvrir et exposer la nudité spirituelle de ce dernier dont sa petite sainteté dans sa vie de bon samaritain.

Dans son discours de Noël à la Curie romaine, le 23 décembre 2019, explique Andrea Tornielli, Directeur éditorial du Dicastère romain pour la communication, le Pape François à reconnu *« une évidence déjà pressentie par certains grands hommes d'Eglise plusieurs années déjà avant Vatican II », « Nous ne sommes plus en chrétienté »* a affirmé le Pape François. Donc, nous avons besoin *« d'un changement de mentalité pastorale »* qui part du constat que *« la vie chrétienne, en réalité est un chemin, un pèlerinage ».*

Tornielli souligne que la transmission de la foi chrétienne de la génération à la génération n'existe plus :

> *« Il fut un temps, écrit-il, où la foi était transmise dans les familles par le lait maternel et l'exemple des parents, et la société aussi s'inspirait des principes chrétiens. Aujourd'hui, cette transmission est interrompue et le contexte social apparaît sinon antichrétien, du moins imperméable à la foi chrétienne* [42]*».*

[42] Zenit, newsletter, p. 21

En revanche, ce qu'il faut souligner, *« afin que tous croient et garde sa foi »,* c'est l'accomplissement littéral de la prophétie de Notre-Dame. Aujourd'hui, ce n'est plus un “ secret ” ni même une prophétie : c'est la constatation d'une situation évidente. Le clergé s'amenuise chaque jour.

Les deux classes développées dans ces travaux, constituent deux piliers de protection de la foi des paroissiens de nos jours s'ils en ont la chance d'en découvrir. La connaissance de cette notion, permet à quelqu'un de soutenir valablement sa foi une fois courtisés de changer et/ou de quitter sa foi Catholique vers les sectes. Autrement-dit, un paroissien qui ne découvre pas cette évidence se vit facilement être violé spirituellement par les fois voisines :

> *« Plusieurs fois, je me retrouve devant le défis de quitter ma foi catholique surtout lors que je suis affronté à des problèmes sérieux d'ordres relationnels avec mon clergé. Mais alors, mes analyses sur la santé sacerdotale, me laisse découvrir les vérités de ces deux classes des Prêtres dans l'Eglise, une réalité qui me rend faible de nier ma foi à cause d'un clergé qui rempli seulement son devoir envers son patron « Vatican-en statut d'un cours pontifical » contrairement de son confrère qui est disponible pour accomplir son devoir*

envers le Christ l'unique patron de l'Eglise qui l'a appelé ... très souvent, cette connaissance constitue pour moi un pilier fort de ma foi, qui me renvoi à la proclamation sa fin de mon credo in unum Deo et surtout à l'amour sans faille à l'Eglise Sainte Catholique et Apostolique, malgré la présence d'un clergé hostile à la santé spirituelle de son fidèle »[43].

Toutefois, le Père Mario se confirme dans la première classe, il était sans doute un homme de Dieu, un serviteur humble et disponible à amener un pécheur à la conversion pas seulement avec le Missel dans la messe et la Bible en main, mais surtout avec sa manière de vivre une vie renfermée dans les œuvres d'amour, de simplicité et d'auto-offrande comme s'il existait physiquement à cette période de Pape François qui souligne que la mission est son œuvre, c'est-à-dire, celle du Christ :

> *« C'est le Christ qui fait sortir l'Eglise d'elle-même. Dans la mission d'annoncer l'évangile, tu te mets en mouvement parce que l'Esprit Saint te pousse et te porte. Et quand tu arrives, tu réalises qu'il est arrivé avant toi, et qu'il t'attend ».*

[43] Cursus spirituel personnel de l'auteur

En conclusion, si l'Eglise Catholique Romaine était une fausse Eglise, il n'y a pas moyens que Saint Malachie la défini comme Sainte et Dieu ne l'aurait pas donné la capacité de faire la prédiction sur l'avenir aussi incroyable. Dieu n'aurait pas également donné des perspectives aussi incroyables des chefs d'une fausse religion. Nous suggérons que certains clergés ses délocalisent et donnent une mauvaise image d'une fausse Eglise, mais d'autres répondent aux attentes d'une Eglise Sainte Catholique et apostolique. Tel est le cas de Mario qui fait sans cesse la fierté de la mission de toute l'Eglise universelle, des Fidei Domini et de ces amis Xavériens dans le Pays de Bulega.

L'œuvre parle à la place de l'ouvrier

Nul n'ignore qu'un ouvrier ne mérite pas beaucoup d'explication pour justifier ses œuvres, par contre, elles parleront à sa place.

Tout comme beaucoup des saints sont enterrés et ignorés par l'Eglise, il en est de-même pour ce *« Bon samaritain Mario Rica»* ignoré par l'Eglise, mais que les fidèles du pays de Bulega reconnaissent en cet homme de Dieu un Abbé irréprochable qui a vendu sa vie pour eux au point d'accepter de souffrir pour eux et avec eux, de s'appauvrir pour eux et avec eux, de dépouiller la bourse de sa famille pour eux et finalement d'ignorer sa santé physique pour se faire villageois comme eux au point de réussir sa mort justificative de son amour sans hypocrisie envers son Jésus-amour qui l'à envoyé en mission. C'est à la foi inébranlablement patiente, persévèrent et humble qu'on lui doit principalement le statut de la petite sainteté signe de considération et d'honneur.

Cette manière de dire non seulement pour inviter l'hiérarchie de l'Eglise d'amorcer les saintes démarches de canonisation de ce dernier, mais surtout de remercier les Abbés Missionnaires (Fidei Donum) et aussi les missionnaires Pères Xavériens d'avoir guidé le pays de Bulega aux premiers pas à la porte du Christianisme.

« Le Mulega » de sa nature et/ou coutume, étranger ou non, de sa tribu ou non, tout de-même il reste reconnaissant à tout celui qui ose partager sa vie avec lui dans son pays et même à l'extérieur de son pays. Mais, seul quelqu'un de mal intentionné, surtout complexé le prend autrement à l'instar du vieux proverbe : *« Qui veut tuer son chien, l'accuse de rage* [44]*»* dit-on.

Celui qui accueille simplement, offre aussi son amour sans contrainte, par la suite, ne manquera le sens de reconnaissance.

---

[44] Proverbe anonyme

« ...J'ai vu de mes propres yeux le Père Mario, dans sa découverte de la colline de Kasika, un homme de Dieu pas comme les autres, un Prêtre Italien qui a mangé comme nous, les mêmes aliments comme nous, y construire une maison comme les nôtres et y vivre pendant une période moins négligeable, on dirait « un Mulega de la couleur blanche ». Quelqu'un qui accepte de se méfier des fauteuils luxueux de chez lui. Mais qui vient vivre non seulement avec nous dans ce petit village, mais surtout vivre humblement comme nous, plein d'amour et de bonté. Quelle âme pouvait lui résisté à la conversion ? Quelle force surnaturelle pouvait lui faire face ?

Celle sa façon d'être, d'agir et de vivre faisaient la fierté d'un clergé appelé par le Seigneur.

Nous soulignons qu'il était irréprochable, il ne s'occupait que de la chose de la santé des âmes et d'autres activités liées à l'encadrement de ces fidèles au point qu'il faisait également la fierté de l'Eglise

Catholique en particulier, mais de tout le pays de Bulega en général [45]*»*.

Les profils d'un Saint

Francisco Caracciolo dit : *« Moi Saint, pourquoi pas ? »* Alors, qu'est-ce qu'un Saint ?
Selon l'extrait du livre *« M'offrir avec Jésus-Hostie »* de l'Abbé A. Halleux :

- Le Saint est le plus *joyeux* du monde. Il jouit d'être possédé par Jésus. *« Qu'ils aient la plénitude de la joie »*. (Jn 17 :13)
- Le Saint est le plus *humble* du monde. Il n'existe que par Dieu qui est tout. Sans Dieu, il n'est que néant.
- Le Saint est le plus *pauvre* du monde. Il est le plus pauvre par excellence. Dieu n'a rien, il est, *« Je suis »*. (Exode 3 :14)
- Le Saint est le plus *riche* du monde. Désapproprié de toute créature, il est riche de Dieu, seul propriétaire de tout.
- Le Saint est le plus *universel* du monde par Jésus, l'unique frère universel, il est solidaire de chacun.
- Le Saint est le plus *amoureux* du monde. Amoureux de la trinité, il ne peut qu'aimer.

[45] Témoignage d'un chrétien protestant, anonyme

- Le Saint est le plus *achevé* du monde. Il vit dans le Christ, qui vit en lui à l'inverse du pécheur.
- Le Saint est le plus *influant* du monde. Le tout puissant, le seul être agissant, l'exauce.
- Le Saint est le plus *Marial* du monde. Abandonné totalement à Marie, qui donne Jésus.
- Le Saint est le plus *Jeune* du monde, il renait sans cesse de Dieu, « Devenez comme des enfants » (Mt 18 :3)
- Le Saint est le plus *Pur* du monde. Vide de tout égoïsme ; il est aimanté par Jésus seul, « l'unique époux ».
- Le Saint est le plus *réussi* du monde. Il est la meilleure reproduction de Jésus, modèle idéal.
- Le Saint est le plus *vrai* du monde. Il est l'ennemi du « menteur » qui trompe est se trompe.
- Le Saint est le plus *libre* du monde. Il est détaché de tout, attaché à Dieu, le seul absolument libre.
- Le Saint est le plus *donné* du monde. Il se nourrit du Christ-Hostie de sa parole, « donné pour vous ». Sa vie est une Hostie.

Nous soulignons que les Saints sont des vrais *« hommes »,* ils se font petits mais en réalité, ces sont de très grands hommes. Et à la Sainte Thérèse de nous dire que : *« Vous ne pourrez être un saint à demi, il faudra l'être tout à fait où pas du tout ».*

Nous brandissons les profils des saints selon le révérend Abbé A. Halleux pour justifier la petite sainteté de l'Abbé Mario découvert à notre niveau que cet homme de Dieu à pu remplir lesdits profils développés par ce dernier. Tellement qu'il n'existe pas une école pontificale de la formation des saints, n'existe pas également une série des prières fabricatrice seulement des saints ni même un groupe d'initiation à la sainteté, laissez nous alors conclure que le code *« sainteté »* peut paraître un produit d'un mode de vie d'une personne appréciable aux yeux du Seigneur à travers les appréciations des hommes qui l'ont vécu dans son parcours répondant aux profils de l'Abbé A. Halleux.

C'est alors que nous sommes persuadés que ce dernier, nous reste un Abbé modèle, irréprochable et inoubliable sur la terre de nos ancêtres, au point de le considérer comme *« Un petit saint ignoré par l'Eglise »* né dans une famille *« petite sainte »* de part sa manière d'être et de faire comme le bon samaritain.

Pourquoi *un petit saint* né dans une famille *petite sainte* ? Est-elle une manière de balancer un encensoir parfumé au nez de la personne illustre et de ladite famille ?

Non, nous avons une autre manière de voir les choses. Combien des familles des Prêtres soutiennes financièrement les projets des paroisses crées ou les œuvres réalisées par leurs frères missionnaires en missions en Afrique après leurs morts ? Avons-nous tors de dire que la famille de l'Abbé Mario est une famille exemplaire, alors petite sainte à nos yeux ? Ne sommes-nous pas libre de dire ce qui vibre dans nos cœurs sur la question de cet homme et de sa famille ?

Les témoins de la Paroisse Saint Joseph Mukasa de Kasika et du reste du pays de Bulega qui ont vécu cet homme de Dieu – Petit saint ignoré par l'Eglise, affirment comment ce dernier s'est appauvrit pour cette édifice divine et toute les activités de sa mission, pour les prises en charges des œuvres spirituelles et socio-économiques de ces fidèles dans un coin négligeable du Diocèse comme celui-ci.

Des sources sûres nous confirment également que l'œil de la famille de l'Abbé Mario continue jusqu'à nos jours à s'orienter vers cette Paroisse de Kasika construite par leur fils :

> *« ...parfois nous recevons l'aide de la famille de l'Abbé Mario, signe de leur confiance et de fidélité en Dieu. Je pense bien que pour cette famille, leur fils n'était que leur main pour soutenir et/ou appuyer infiniment l'œuvre de Dieu. Parce que si elle arrêter vite-vite là, nous dirions qu'elle soutenait uniquement la visibilité de leur fils en mission sur cette partie du Diocèse, mais tellement qu'elle se préoccupe*

nuits et jours de la santé de cette Paroisse à l'absence de leur fils, cela nous laisse vivre l'image de la petite sainteté de cette famille[46] ».

Sans pour autant entrer en profondeur dans le mode de gestion du Diocèse, autant des missions ouvertes dans le temps, ne bénéficient plus l'aide ni de la famille des Pères et Abbés missionnaires défunts, ni de ses amis donateurs parce que tout simplement l'image de leurs fils ou amis préférés s'est effacée, alors, apparaissent les raisons multiples d'abandon des activités laissées et ne voient plus la nécessité de continuer. Beaucoup des projets suspendus sont visibles dans tant des paroisses dans les pays de Bulega à l'exception de la Paroisse de Kasika où la main forte de la famille de Mario tient encore mordicus parce que l'image de leur fils n'arrête pas à briller dans la paroisse crée par leur fils à travers les œuvres d'amour.

Mais cette famille de l'Abbé Mario fait la différence. Une famille qui comprend qu'à tout chrétien incombe la très belle tâche de travailler sans cesse pour faire connaître et accepter le message divin du salut par tout les hommes sur toute la terre[47] afin que s'accomplisse l'Evangile de Saint Matthieu :

---

[46] Témoignage anonyme

[47] Vat.II Décret apost. des laïcs, 3

« Cet Evangile du Royaume sera prêcher dans le monde entier à la face de tous les peuples, et alors viendra la fin »[48].

« Le chemin de la sainteté, c'est l'amour ![49] »
« Si tu aimeras le Seigneur ton Dieu de tous ton cœur, de toute ton âme, de tout ton esprit et de toute ta force … Tu aimeras le prochain comme toi-même ». [50]

Saint Augustin se fait le chantre de l'amour, signe distinctif du chrétien :

> *« Qu'il voit s'il a la charité et qu'alors il dise : "Je suis né de Dieu." Mais s'il ne l'a pas, il possède sans doute le caractère du sacrement qui lui a été imposé, il n'en est pas moins qu'un déserteur »* (V, 6).

C'est l'amour seul qui différencie les fils de Dieu et les fils du diable. Il insiste encore qu'elle est grave la discrimination ainsi opérée. Aie tout ce que tu veux ; si cela seul tu ne l'as pas, rien ne peut te servir à quoi que ce soit. Mais si tu n'as pas le reste, possède la charité et tu auras accompli la Loi. Celui qui, en effet, aime l'autre, a accompli la Loi, dit l'Apôtre, et : la plénitude de la Loi, c'est la charité[51]. Voilà, je pense, cette perle dont le marchand que nous décrit l'Évangile était en quête : il trouva une seule perle et vendit tous ses biens pour

[48] Matthieu 24 : 14
[49] Cfr. Vat.II dogm. Sur l'Eglise, Ch. V : la vocation universelle à la sainteté dans l'Eglise
[50] Marc 12 : 30 et Jean 13 : 34
[51] Romain 13, 8-10

l'acheter. Cette perle de grand prix, c'est la charité, sans laquelle tous les biens que tu possèdes ne te servent à rien ? Si tu n'as qu'elle, elle te suffit.

C'est pourquoi il y a dans l'Ancien Testament occultation du Nouveau, et dans le Nouveau Testament manifestation de l'Ancien. À cause de cette occultation, les hommes charnels, qui comprennent de façon charnelle, furent et sont encore sous le joug de la crainte du châtiment; grâce à cette manifestation, au contraire, les hommes spirituels, ceux qui autrefois frappèrent à la porte avec piété et se virent ouvrir même les mystères cachés, et ceux qui maintenant cherchent sans orgueil, pour éviter que ne leur soient fermés même les mystères révélés, du fait qu'ils comprennent de façon spirituelle, se trouvent libérés par le don de la charité[52].

Et, parce que rien n'est plus opposé à la charité que l'envie, et que l'envie a pour père l'orgueil, le même Seigneur Jésus Christ, Dieu homme, est à la fois le signe de l'amour divin à notre égard et l'exemple de l'humilité humaine parmi nous, afin que notre forte enflure soit guérie par un antidote plus fort encore ; car c'est une grande misère qu'un homme orgueilleux, mais c'est une miséricorde plus grande qu'un Dieu humble.

Alors, l'Abbé Mario pourrait dire à Dieu: *« J'ai vu Dieu.»* parce que j'ai vu l'homme. J'ai aimé mon

---

[52] La Première Catéchèse 4, 8
BA 11/1 p. 69-73.

frère[53], un frère non de la couleur raciale, mais plutôt celui de la couleur en Christ.

Si, en effet, quelqu'un aime son frère qu'il voit, il verra Dieu en même temps parce qu'il voit la charité elle-même et que Dieu habite en elle.

[53] Premier Epitre de Jean

Cinquième chapitre

Un mystère Sacerdotal vers l'immortalité de L'âme

Une vie-une mort comme un petit saint

« Vous pouvait facilement tuer le corps,
mais pas l'âme»[54].

Tout au long de l'histoire, la vie des saints a d'habitude affecté positivement l'évolution spirituelle et/ou sacerdotale, sociale et politique des individus qui la chérissent. Les saints connaissent toujours des difficultés énormes d'être compris surtout par la confrérie de leurs communautés religieuses surtout quand ils sont vivants. Ils vivent d'habitude à l'envers de ce qu'on pouvait s'attendre d'eux tout comme ce qu'on pouvait leur proposer. Ils veulent être conduit par la voie de l'intérieure que les principes déjà établis. Beaucoup de fois, on dit du mal d'eux quand ils sont vivants, tel est le cas de Saint Padri Pio, Saint Jean 23, et tant d'autres[55]. Mais, ce qui les rendent vivants et/ou immortel se sont les témoignages des personnes qui l'ont vécu, des fidèles qui étaient bénéficiaires des fruits des guerres contre le mal et les luttes qu'ils connurent à l'intérieur de l'Eglise.

---

[54] Parole répétitive de Père Mario : témoignage d'un protestant de Kasika qui a apprécié, la croyance, la vie et les œuvres de Mario

[55] Vie des saints dans leurs communautés religieuses

Une vie référentielle au secret de l'Eglise

Le troisième secret de Fatima nous révèle le positionnement et l'état d'âme des consacrés dans l'Eglise. Un fait miroir qui nous renvoie à la comparaison de l'Abbé Mario par rapport à cette réalité: Dans le livre de l'Apocalypse, remarque frère Bruno, le vêtement " blanc " distingue les saints de l'une des sept Églises, à laquelle le Christ déclare :

> *« Je connais ta conduite ; tu passes pour vivante, mais tu es morte[56]. »*

Toute vie ne s'est cependant pas retirée :

> *« Quelques-uns des tiens n'ont pas souillé leurs vêtements ; ils m'accompagneront, en blanc, car ils en sont dignes. Ainsi, le vainqueur sera revêtu de blanc ; et son nom, je ne l'effacerai pas du livre de vie, mais j'en répondrai devant mon Père et devant ses Anges[57]. »*

Dès lors, " un Évêque vêtu de Blanc ", réfléchi aux yeux des voyants de Fatima " dans une lumière immense qui est Dieu ", désigne un saint, issu d'une Église défaillante.

---

[56] Apocalypse 3, 1

[57] Apocalypse 3, 4-5

C'est la raison pour laquelle, nous faisons témoignages de la *petite sainteté*[58] du Père Mario vis-à-vis de sa mission sur le sol de Bulega tout en ignorant les restes de sa vie dans sa communauté religieuse. Nous témoignons qu'il était le plus *joyeux* du monde. Il jouissait d'être possédé par Jésus. *« Qu'ils aient la plénitude de la joie* [59]*» ;* il était le plus *humble* du monde. Il n'existait que par Dieu qui est tout, sans Dieu, il n'était que néant ; il était le plus *pauvre* du monde, il était le plus pauvre par excellence. Dieu n'a rien, il est, *« Je suis* [60]*» ;* Il était le plus *riche* du monde, désapproprié de toute créature ; il était plus riche de Dieu, seul propriétaire de tout ; il était le plus *universel* du monde par Jésus, l'unique frère universel ; il était solidaire de chacun ; il était le plus *amoureux* du monde, amoureux de la trinité, il ne pouvait qu'aimer et rien qu'aimer ; il était le plus *achevé* du monde, il vivait dans le Christ, qui vivait en lui à l'inverse du pécheur ; il était le plus *influant* du monde, le tout puissant, le seul être agissant, l'exauce ; il était le plus *Marial* du monde, abandonné totalement à Marie, qui donne Jésus ; il était le plus *Jeune* du monde, il renaissait sans cesse de Dieu, « Devenez comme des enfants [61]» ; il était le plus *Pur* du monde, vide de tout égoïsme ; il est aimanté par Jésus seul,

[58] Un concept honorifique attribué par l'auteur pour donner la nuance entre le Saint proclamé officiellement par l'Eglise et le surnom lui attribué
[59] Jean 17 : 13
[60] Exode 3 : 14
[61] Matthieu 18 : 3

« l'unique époux » ; il était le plus *réussi* du monde, il est la meilleure reproduction de Jésus, modèle idéal ; il était le plus *vrai* du monde, il était l'ennemi du « menteur » qui trompe est se trompe ; il était le plus *libre* du monde, il est détaché de tout, attaché à Dieu, le seul absolument libre ; il était le plus *donné* du monde, il se nourrissait du Christ-Hostie de sa parole, « donné pour nous ». Sa vie n'était qu'une Hostie.

Une foi inébranlable

Au cours de l'ensemble des siècles, paroisses et organisations ont évolué parallèlement avec leurs saints patrons.

La vie sacerdotale de Mario était caractérisée par l'animation de la communauté des pages chrétiennes, les instruire dans la foi et les éveillés à leur bien-être à l'instar de Saint Joseph Mukasa le patron de sa Paroisse. Par sa vie exemplaire et son enseignement religieux, il gagne beaucoup des âmes à la foi chrétienne. Certains jeunes ont même choisi le chemin des consacrés dans leur groupe de vocation par ce que le mode de vie de Mario illuminé les choix des familles à donné leurs enfants pour la croissance de l'Eglise.

Le bon samaritain Mario savait qu'il pouvait perdre un jour son corps, mais pas son âme. Comme les Disciples de Jésus avaient compris qu'ils sont envoyés, mais ils doivent s'attendre à faire face à des *« loups et autres animaux féroces »* dans leur manœuvre de sauver les brebis, ce dernier se préparait également à faire face à des obstacles tant spirituels, socioéconomiques que sanitaires dans sa mission d'ouverture d'une nouvelle Paroisse dans un coin inétendu *« Kasika »*. S'il faillait y laissé sa vie à cause de Jésus qui l'a envoyé et à cause des brebis, ce bon samaritain était d'accord. S'il fallait également mourir comme son Chéri Saint Joseph Mukasa, il se faisait toujours disponible. Curieusement, sa mort fut moins éloquente que celle de son Chéri Saint patron, mais tous deux la cène de la mort se déroule dans un même environnement royal dont l'un chez un roi et l'autre chez un roitelet.

Il manifeste un signe vivant de miracle silencieux : Tout les os des missionnaires catholiques qui sont mort dans toutes les zones pastorales des Diocèses de la Province du Sud-Kivu, ceux des prêtres xavériens bien sûr ont été déterrés et enterrés de nouveau dans la ville de Bukavu pour des raisons internes de l'Eglise, mais miraculeusement, et même si ce dernier n'était pas les leurs, ni leur allié, seul les os du Petit saint Mario sont restés reposaient dans le sol de sa mission et devant la Maison de Dieu où il à investit tout son géni invention, géni spirituel, géni social signe de couronne victorieux de sa lutte contre les loups et autres animaux féroces qui s'apprêtaient à détruire l'œuvre de Jésus Christ.

Il chérissait follement le Saint Joseph Mukasa au point de baptiser sa Paroisse le nom de son chéri saint. Le monde qui l'écoutait, se demandait pour quoi l'Italien comme lui ne pouvait pas nommer ladite paroisse le nom d'un saint européen comme font certains. Sa réponse sur ce sujet n'était que l'Eglise est universel et qu'il voulait l'aide d'un Saint vécu dans un cours royal et y vendre sa vie. Curieusement, non seulement qu'il a vécu sa vie sacerdotale dans un environnement et/ou colline royale à la lumière de son chéri Saint, mais qu'il est mort aussi dans ledit environnement comme lui, mais dans un contexte différent.

Un témoignage vibrant d'un chrétien protestant qui a apprécié la vie du Petit saint Mario :

> *« ...je suis chrétien protestant, mais pour nous, le Père Mario était un Père de tout le monde. Je m'explique : ses œuvres n'étaient pas seulement pour les chrétiens catholiques, mais plutôt pour tout le monde chrétien. Il n'avait pas de parti pris... »*[62]

[62] Témoignage de M. Kisongo, un vieux vétérinaire de l'Etat Congolais affecté dans la Chefferie de Luindi au temps du Père Mario.

Un exorcisme silencieux

Si le Petit saint Mario n'était pas un homme de prière, les difficultés rencontrées spirituellement par les fidèles de sa paroisse ne pouvaient trouver des solutions :

> *« ...au temps de l'Abbé Mario, Il nous est arrivé un moment très critique...à Kasika, dans la Route Nationale numéro deux, sur le pont « Lumetekelo » y logé des mauvais esprits non seulement faisaient rage à tout piéton, mais très surtout écroulaient les camions et/ou véhicules...Mario nous à délivré de ces démons grâce à ses prières... »*[63]

Seule la manière de vivre de l'Abbé Mario fait témoignage de ses origines spirituelles et de son âme dans ce monde déjà pris au coup par si pas par l'égoïsme et l'amour de l'argent, sa sera l'amour de l'aisance et du pouvoir, l'amour du sexe et de la haine, l'amour de jalousie et de marginalisation...

L'Abbé Mario fut un conservateur du Vatican II, cela à pu affecter également sa façon de vivre sa spiritualité, sa façon de vivre dans sa communauté où il

[63] Suite du témoignage de M. Kisongo, un vieux vétérinaire de l'Etat Congolais affecté dans la Chefferie de Luindi au temps du Père Mario.

y existait des nouveaux Prêtres progressistes. Avouant cette lutte intime de l'immigration du régime Vatican I vers le régime du Concile Vatican II, et la difficulté de se rallier aux rythmes des novateurs, en particulier à leur théorie de la liberté religieuse, il a eu à s'exprimé à l'un des deux confrères progressistes qui vivaient avec lui dans la mission en ce terme :

> *« ... Eh ! Pensez-vous que nous sommes des imbéciles ?...* [64]*»*

Le degré de compréhension ne pouvait pas être le même, il devrait chanceler avec les croyances de ces deux courants. Peut-être avait-il raison en se référent au message regret de troisième secret du Fatima qui stipule[65] :

> *« ...Avouant ses luttes intimes, lors du Concile Vatican II, et la difficulté de se rallier aux thèses des novateurs, en particulier à leur théorie de la liberté religieuse, il a eu cette confidence : « La thèse qui me fut la plus difficile à accepter fut celle de la liberté religieuse. Pendant des années j'avais enseigné la thèse que j'avais apprise au cours de droit public donné par le cardinal*

---

[64] Issus de l'interview avec le Père Sanfelice à Vamaro-Bukavu

[65] Extraits de ***Jean-Paul Ier, le pape du Secret*** et de la CRC n°s 368, 369 et 370.

Ottaviani, selon laquelle seule la Vérité avait des droits. J'ai étudié à fond le problème et, à la fin, je me suis convaincu que nous nous étions trompés. » Une autre version de la même confidence dit : « On m'a convaincu de mon erreur. » La phrase avoue un désarroi, figuré dans la vision par « un pas vacillant ».

Un signal fort d'un conservateur du Vatican II qui souffre de la nostalgie de cet ancien système, on dirait troublé durant toute sa vie au point de perdre sa paix et sa tranquillité spirituelle. Ce qu'il lui ait devenu un poids sur le cœur. C'est la raison pour laquelle certains confrères de son temps ne pouvaient jamais comprendre sa manière de vivre ladite mission de création de la Paroisse de Kasika, une œuvre qui défini son sacerdoce et qui convainc les âmes pillés chez Satan de son temps, alors les fidèles d'aujourd'hui.

Une mort discrète

L'abbé Mario se retrouve dans une zone extrêmement endémique depuis ses origines départ son climat, flore et faune, mais son sol et sous sol extrêmement riche colorée d'un paysage paradisiaque. Une zone à prédominance agricole dont la pandémie du siècle et/ou malaria enregistre plus des morts et la population aussi pauvre en souffre pendant beaucoup de temps.

La présence des blancs dans cette partie du pays de Bulega a souffert de l'inadaptation, mais c'était le choix de l'Abbé Mario et y a fait la différence. La première condition de la réussite de l'installation était conditionnée de l'appropriation de mentalité villageoise et/ou forestière en place : *« à Rome comme les romains »* dit-on. S'il fallait mettre sa couleur blanche et tous les facteurs des conditions sanitaires et/ou hygiéniques au premier plan, ce dernier ne pouvait jamais réussir sa mission. Avec l'aide de Jésus-amour, il a tout fait pour s'adapter et vivre comme un *« Mulega naturalisé »* en s'appropriant tout:

> *« ...sur place, il a souffert de la malaria comme tout villageois du milieu, il a connu un retard mental de compréhension des dangers de ladite pandémie comme tous villageois du milieu, il s'est fait pauvre comme ses villageois au point de résister sa confrérie qui lui conseillait de quitter sa mission pour aller prendre soins très tôt, il a raté même les premières occasions des soins à Bukavu en route vers l'Italie comme tout villageois du milieu handicapé de la mentalité de négligence, il est mort simplement comme tout villageois du milieu !*

Une mort de bal et/ou fusil, brulure, poignard, crucifixion et/ou torture sont des morts très éloquentes enregistrées traditionnellement dans l'Eglise à un bon nombre des Saints reconnus, mais contrairement à ce que notre Petit saint l'Abbé Mario a connu silencieusement en sa mission dans le pays de Bulega. Une catégorie de mort discrète et/ou silencieuse qui doit aussi s'ajouter au nombre des morts dans les modes de saintes démarches de canonisation dans l'Eglise.

Un signal fort et un symbole de sainteté pour les fidèles Catholiques et Protestants en particulier qui ont vécu sur place les œuvres de ce dernier, mais également le Peuple Lega dans la généralité. Un Peuple qui n'oblige personne d'y croire impulsivement, mais lui en croit fermement parce que bénéficiaire de l'amour de ce dernier et renvoie également sa croyance à l'hiérarchie de l'Eglise pour sa vérification afin que ce dernier soit honorer en sa qualité.

Ce petit saint est mort parce qu'il n'a pas manifesté la différence de mode de vie entre européen et africain, entre civilisé européen et villageois africain, entre riche européen et pauvre africain dans sa mission, sauf la fuite du péché et des antivaleurs qui pouvaient exposer son statut sacerdotal.

Il était européen bien-sûr comme les autres avec toutes les aptitudes possibles de prendre soins de ses mentalités et de sa santé corporelle, il était riche issus d'une famille riche, mais il pouvait sortit dès l'incubation de la malaria dans son corps vers l'Italie sans les aides financières des autres ni de sa communauté religieuse, il n'avait pas affiché un signe pathologique psychique pour accepter de souffrir ainsi comme lesdits villageois, mais il a voulu dire à l'Eglise qu'un Clergé est fait pour souffrir avec ceux qui souffrent, mourir avec ceux qui meurent comme était le cas de Jésus depuis sa naissance dans la bergerie jusqu'à la croix entre les deux bandits. Il a voulu également donné leçon au Clergé de nos jours que le sacerdoce ne pas seulement une vie d'aisance et de joie charnelle, plutôt une vie d'offrande et/ou souffrance comme celle de Jésus l'Epoux de l'Eglise.

Rien d'étonnant, rien de condamnation vis-à-vis de sa mort ni de ses œuvres caritatives à toutes les couches : enfants orphelins et démunis, pauvres mamans et veuves, pauvres hommes et vieux, protestants et catholiques.

La vie sacerdotale de ce petit saint sur le sol de Bulega est très éloquente, il a mit de l'avant la protection de son statut sacerdotale et de son vœu à Jésus-Amour, alors quel amour ? L'amour aveugle. Sitôt que l'amour trouve des yeux, les choix de la personne à servir et/ou aimer apparaissent, l'idée de marginalisation apparait aussi, les notions théologiques avancées, philosophiques, et/ou tout simplement scientifiques et politiques totales apparaissent. Mais, s'il reste aveugle, on aime tout celui qui est son prochain, surtout que le prochain n'a pas des couleurs familiales, raciales, et autres, alors on aide qui on rencontre en besoin en cours de route et/ou mission sans beaucoup de réflexion à l'instar de Bon samaritain.

Le Petit saint Mario Rica en a vécu, la terre en témoigne à travers des milliers des fidèles enregistrés dans lesdits travaux comme le ciel aussi à travers ses œuvres visibles et l'Esprit Saint qui l'a aidé à vaincre l'orgueil de sa civilisation acquise depuis chez lui, également l'orgueil de la puissance de richesse de sa famille biologique pour ainsi vaincre efficacement la puissance du complexe de supériorité pour arrivé à plaire à Dieu.

Au repos dans une tombe male construite

Malgré tous ces efforts, notre Petit saint est reposé dans une tombe construite très bizarrement. Dirons-nous encore qu'il demeure toujours humble et/ou simple même dans son séjour de repos ? Ou tout simplement, une invitation à l'Eglise d'y penser ?

S'il est vrai que certains sages conseils des Pères et Saints de l'Eglise disent que parfois les saints oubliés dans leur tombe réclament leur canonisation et donc, notre Petit saint Mario Rica le réclame également, mais d'une manière silencieuse. Pour quoi seulement en temps, tout le monde en parle ? Tous les fidèles s'en souviennent ? Pourquoi seulement sa tombe devant sa Paroisse pendant que les autres ont été déterré et réentérrer à Bukavu ? Pour finalement ses œuvres brules les cœurs de tout un chacun ? Ce qu'il y a quelque chose.

Sixième chapitre

La récompense Des bonnes Œuvres

Conclusion générale

« L'option préférentielle pour les pauvres est au centre de l'Evangile. Elle est un critère-clé d'authenticité chrétienne et la mission de toute l'Eglise [66]»

L'option préférentielle pour les pauvres, selon les déclarations de Pape François demeure une exigence éthico-sociale qui vient de l'amour de Dieu très différente d'une option politique ni option idéologique comme certains les préconisent[67].

Le premier à vivre cette théorie est le Seigneur Jésus dans la Lettre aux Corinthiens. Lui qui était riche s'est fait pauvre pour nous enrichir. Il s'est fait l'un de nous et c'est pour cela que cette option est au centre de l'Evangile, au centre de l'annonce de Jésus. Le Christ lui-même qui est Dieu, s'est dépouillé lui-même, devenant semblable aux hommes, et il n'a pas choisi une vie de privilège, mais il a choisi la condition de serviteur[68]. Il s'est anéanti se faisant serviteur.

De leur tour, les disciples de Jésus se reconnaissent à leur proximité à l'égard des pauvres.

---

[66] Pape François, 3e Catéchèse sur le thème ; guérir le monde
[67] Pape François, Bibliothèque du Palais apostolique, audience générale, 19 août 2020
[68] Ph. 2, 6-7

Alors que les manichéens prétendaient le dispenser de croire, Augustin considère l'adhésion préalable à l'autorité de la parole de Dieu comme le passage obligé pour parvenir à la compréhension de Dieu et de l'homme.

S'il nous faut conclure par la pensée de Saint Augustin : *« Crois d'abord pour comprendre »* pour parvenir à confirmer que l'Abbé Mario Rica fut un bon samaritain dans le pays de Bulega et un petit saint dans sa façon de vivre son sacerdoce à la lumière des saintes écritures coptées par l'option préférentielle pour les pauvres et à des profils des saints selon l'Abbé A. Halleux dans l'extrait de son livre *« M'offrir avec Jésus-Hostie »*, également comparativement au troisième secret de Fatima, alors nos travaux d'appréciation de cet homme de Dieu sont véridiques et vérifiables, mais comme tout œuvre humaine, ils peuvent souffrir des certaines imperfections.

Revivons un peu ces deux maximes de Saint Augustin pour situer la situation de l'Abbé Mario proportionnellement à l'attente de tout un chacun:

> ***« Et maintenant, ravivez votre attention****. Tout homme veut comprendre ; personne qui n'ait ce désir. Mais tous nous ne voulons pas croire. On me dit : « Je veux comprendre pour croire». Je réponds : « Crois pour*

comprendre. » ; voici donc une discussion qui s'élève entre nous et qui va porter tout entière sur ce point : « Je veux comprendre avant de croire », me dit l'adversaire ; et moi je lui dis : « Crois d'abord et tu comprendras. » Pour trancher le débat, choisissons un juge. Parmi tous les hommes à qui je puis songer, je ne trouve pas de meilleur juge que l'homme que Dieu lui même a choisi pour interprète. En pareille matière et dans un débat de ce genre, l'autorité des littérateurs n'a rien à faire ; ce n'est pas au poète de juger entre nous, c'est au prophète […].

Tu disais : « J'ai besoin de comprendre pour croire » *; et moi : « Crois d'abord pour comprendre. » La discussion est engagée ; allons au juge ; que le prophète prononce ou plutôt que Dieu prononce par son prophète. Gardons tous deux le silence. Il a entendu nos opinions contradictoires ; « Je veux comprendre, dis-tu, pour croire » ; « Crois, ai-je dit, pour comprendre », et le prophète répond : « Si vous ne croyez pas, vous ne comprendrez pas. » (Is 7, 9) […]*

Par conséquent, mes très chers frères*, cet homme que j'ai pris comme adversaire et avec lequel j'ai engagé une discussion qui a été portée au tribunal du prophète, n'a pas tout à fait tort de vouloir comprendre avant de croire. Moi qui vous parle, en ce moment, si je parle,* *c'est pour amener aussi à la foi ceux qui ne croient pas encore. Donc, en un sens, cet homme a dit vrai quand il a dit : « Je veux comprendre pour croire » ; et moi également je suis dans le vrai quand j'affirme avec le prophète : « Crois d'abord pour comprendre. » Nous disons vrai tous les deux : donnons-nous donc la main ; comprends donc pour croire et crois pour comprendre ; voici en peu de mots comment nous pouvons accepter l'une et l'autre ces deux maximes :*

En ce terme, nous renvoyons à nos lecteurs (Eglise, familles, amis et connaissances) cette dimension de compréhension sur la question de la petite sainteté de l'Abbé Mario Rica l'héro de cet ouvrage pour arriver à y croire, et croire à des témoignages non-sentimentaux très développés et approfondi par des diverses pensées des Saints tout comme des Pères de l'Eglise dans ces travaux pour arriver à la comprendre et/ou confirmer.

Certes, retenons que l'Abbé Mario à été calomnié comme d'autres grands saints et en particulier par ses confrères clergés au point de vivre un peu dans une situation d'isolement. Mais il est resté ferme dans sa foi et dans sa mission de courtisé les âmes des pauvres en se faisant aussi pauvres comme eux en contradiction avec les dogmes internes de la société missionnaire qui l'avait accueilli.

L'Abbé Mario n'a pas voulu sauver sa vie pour qu'il ne la perde, par contre, il a voulu la perdre à cause des pauvres images de Jésus pour la retrouver tel est écrit dans l'évangile de Matthieu[69]. C'est la raison pour laquelle, il sera aussi jugé comme tous les autres selon ses œuvres, car il est écrit : voici, je viens bientôt et j'apporte avec moi ma récompense pour traiter chacun conformément à son œuvre[70].

---

[69] Matthieu 16 : 24-25

[70] Apocalypse 22 :12

Table des matières

Bibliographie

La Bible, alliance biblique universelle, 1990, France

Faustin-Noël Gombaniro Rutashigwa, l'implantation missionnaire au Congo-RDC, Paris, 2016

Robert Kelly, la génération de l'excellence, septembre 1986, France

Les Cavaliers de la Paix-junior, 2020, Bukavu, RDC

Théodore Bulambo Isalimya, Abitondo, 2018, RDC

Exhort. Ap. Evangelii gaudium [EG], 195

Liens électroniques

www.la-foi.fr

www.vaticancatholic.com

Zenit, newsletter, 23-12-2019

L'âme vivante est un livre biographique d'un petit saint ign oré par l'Eglise universelle, l'Abbé Mario Rica qui vit encore à travers ses œuvres missionnaires dans le pays ancestral lega à l'Est de la République Démocratique du Congo.

L'Abbé Mario Rica n'a pas voulu sauver sa vie pour qu'il ne la perde, par contre, il a voulu la perdre à cause des pauvres images de Jésus.

Ce livre est à la fois une catégorie de lettre des remerciements et de reconnaissance aux Missionnaires Catholiques qui ont pu ouvrir la porte du Christianisme au Peuple Lega très spécifiquement les Pères Xavériens et les Abbés Fidei Donum. A la fois la famille biologique petite sainte de Mario Rica qui pour le Peuple Lega reste une et amplement modèle dans l'Eglise romaine.

Amani Mupenda Mubigalo Artiste Chercheur autodidacte né à Kamituga/ RD Congo en 1975. Féru des arts et de la musique sacrée depuis son jeune âge, Directeur et Maître des chœurs dans le Diocèse d'Uvira, Auteur d'un nombre important des chants notés et d'autres ouvrages à caractère analytique musical sacré dans l'Eglise Universelle en RD Con go.

Printed by Books on Demand GmbH, Norderstedt / Germany